TRÈS HUMBLE REMONTRANCE

A L'UNIVERSITÉ

SUR

L'INSTRUCTION SECONDAIRE

SUIVIE

DE QUELQUES AUTRES PIÈCES SÉRIEUSES OU LÉGÈRES

PAR

VICTOR FOURNIÉ

PARIS
TYPOGRAPHIE DE CH. MEYRUEIS ET Cᵉ
RUE DES GRÈS, 11

1862

TRÈS HUMBLE REMONTRANCE

A L'UNIVERSITÉ

SUR

L'INSTRUCTION SECONDAIRE

SUIVIE

DE QUELQUES AUTRES PIÈCES SÉRIEUSES OU LÉGÈRES

PAR

VICTOR FOURNIÉ

PARIS
TYPOGRAPHIE DE CH. MEYRUEIS ET Ce
RUE DES GRÈS, 11

1862

AVERTISSEMENT SUR LA REMONTRANCE

Je soumets au jugement du public, sous une forme légère, une discussion sérieuse et loyale, qui l'intéresse au plus haut degré. Je crois faire un acte de bon citoyen.

Il appartient à l'opinion publique de provoquer des réformes qu'elle pourrait attendre, avec confiance, du génie de l'empereur.

Le premier besoin est une commission d'enquête de laquelle l'Université soit exclue. Tout le monde en sentira la raison. Si un homme sensé voulait réformer la religion des Indiens pour les civiliser, il rechercherait minutieusement ce qui est exécutable, mais il ne prendrait pas l'avis des brames.

Qu'on me permette de répondre d'avance à une objection que ne laisserait échapper aucun homme de latin. —

Tu veux détruire, Erostrate, mais que proposes-tu ? — Le voici sommairement :

Etude libre du grec et du latin ;

Examens de grec et de latin pour les hommes qui se destinent à l'enseignement de ces langues, et *interdiction de les exiger pour autre chose ;*

Suppression absolue des baccalauréats ;

A l'entrée des diverses carrières, examens sérieux et convenables portant sur la littérature française, l'histoire, les langues vivantes et les sciences.

VICTOR FOURNIÉ.

TRÈS HUMBLE REMONTRANCE

A L'UNIVERSITÉ

SUR L'INSTRUCTION SECONDAIRE

A l'Université de France
Peut-on, sans crime, remontrer
Que dès longtemps, en suffisance,
Nous avons su nous pénétrer
De grecque et romaine éloquence,
Et que la Gaule sait parler?

Que Bossuet, que Molière
Enseignent l'art de bien penser,
Que dans Racine, ou dans Voltaire,
Le goût parvient à s'épurer?

Est-ce un coupable excès de zèle,
Ici, d'oser insinuer
Que notre langue maternelle
Est essentielle à cultiver?

Qu'un trop pénible et lourd bagage,
D'une douteuse utilité,
Usant les forces du jeune âge,
Enfante la stérilité?

Qu'il nous serait plus profitable
De bien entendre nos voisins?
Qu'on perd un temps considérable
Avec les Grecs et les Latins?

Voyez l'immense carrière
Que doit fournir l'esprit humain,
Tant de sujets dont la lumière
N'éclaira ni Grec, ni Romain!

Certe, on leur doit longue mémoire,
Leur génie a tout préparé;
A juste titre dans l'histoire,
Leur souvenir est honoré.

Mais faut-il, par reconnaissance,
Devenus sots imitateurs,
Ouvrir un temps de décadence,
A nos fils, à nos successeurs?

Sur ce propos je crois entendre
La grande voix de Cicéron;
Des cieux il a daigné descendre,
Et nous donner cette leçon :

« Assez de mes *Catilinaires*,
« Assez du grec et du latin;
« Avancez comme ont fait vos pères,
« Agrandissez l'esprit humain.

« Là-haut, au sein de l'Empyrée,
« Nous ne parlons que le français;
« Des dieux votre langue est aimée,
« Elle mérite son succès.

« Noble, correcte et très polie,
« Élégante dans sa clarté,
« De modèles elle est remplie;
« Cultivez-la dans sa beauté.

« C'est en français que tout s'explique,
« Devant la céleste cour;
« Les arts, le droit, la politique
« S'y font entendre tour à tour.

« C'est en français que Galilée,
« Képler, Copernic et Newton,
« M'ont dit leur sublime pensée
« Devant Aristote et Platon.

« Il est vrai que le bon Ampère
« Commençait un discours latin
« Sur l'électrique lumière;
« Mais je lui dis, avec Justin :
« Parlez français, Monsieur Ampère,
« Je suis rouillé sur le latin.
« — Il est pourtant la langue mère,
« Sans laquelle point de français,
« Me répliqua le bon Ampère.
« — Homme naïf, vous le croyez?
« — Oui, me dit-il, et sans latin
« On n'est jamais bon écrivain.
« — Le doux Quinault, l'ardent Shakspeare,
« Vauvenargues et Béranger,

« Le grand Napoléon premier
« Ne surent donc jamais écrire?
« — Qui ne connut langue étrangère
« Jamais sa langue ne sut bien,
« Réplique encor le bon Ampère;
« Cela paraît clair et certain.
« — De l'illustre cité d'Athènes,
« Des Périclès, des Xénophon,
« D'Aristote et de Démosthènes,
« Et de Sophocle et de Platon,
« Vous souvient-il, Monsieur Ampère?
« Leur grec est beau, profond, savant;
« Ils le parlaient élégamment,
« Et ne savaient langue étrangère.
« — Je me rends, mon cher Cicéron
« Cette fâcheuse opinion
« Ne me fut jamais personnelle.

« Pour la science alors, animé d'un beau zèle,
« En un français très pur il nous peignit des cieux
« Les mouvements divers, l'accord harmonieux,
« Les mondes, les soleils répandus dans l'espace,
« Et dont, pour chaque instant, on a fixé la place.

« Ce spectacle, dit-on, par un effet maudit,
« A refroidi vos cœurs, rétréci votre esprit !
« Sur cette absurdité, pleine d'impertinence,
« Des hommes de latin jugez l'outrecuidance,
« Et cherchez le travail, le monument vanté
« Qu'ils comptent présenter à la postérité. »

COGITO, ERGO SUM!

CONCOURS DE PHILOSOPHIE

Tu m'invites, ô Sorbonne!
A peser un songe creux;
De plaisir mon luth résonne
A ce sujet plantureux.

Un pays appelé France
Peut, je l'accorde, exister.
Ce peut être une apparence!
Il est sage de douter.

Je crois avoir père et mère,
Frère, femme et descendants;
Une logique sévère
Les admet-elle existants?

On mit hier, sur ma table,
Mets exquis, café moka;
Mon dîner fut confortable,
Et mon *moi* se régala;

Mais de la *sublime gloire*
Je quitterais le chemin,
A cela si j'allais croire
Sans un solide examen.

Sondons l'*être* et le non-*être,*
C'est là le point culminant;
Homme profond sachons être,
Doutons énergiquement.

Oui, je doute de moi-même,
En y songeant gravement,
Et de ce profond système
Sort le *moi* directement.

Car, j'y pense, *si je pense,*
J'existe réellement.
Quel bonheur! et quelle chance!
Qu'un philosophe est charmant!

ÉLÉMENTS DE PHILOSOPHIE

Béat, paterne et plein de gloire,
Qu'un poisson-dieu [1] sortant des flots,
De sa vénérable nageoire
Vienne bénir tous ses dévots;

Qu'il daigne pour un soin si tendre,
A ses fidèles réservé,
Du fruit de leur travail ne prendre
Que les trois quarts ou la moitié;

[1] Oannès.

Que pour assurer sa fortune,
Au ciel porté par sa jument,
Mahomet coupe en deux la lune,
Et nous présente l'Alcoran;

Dans la chimère qui l'égare,
Qu'un philosophe, esprit fourbu,
Sur l'infini qu'il se prépare
Elève un trône à l'Absolu;

Qu'il nous vante son éclectisme,
Et les beaux rêves de Platon,
Et les élans du Mysticisme,
Et la doctrine de Zénon;

Que librement tournant son thème,
Son étonnante vanité,
Ne sachant rien du grand problème,
Pense éclairer l'humanité;

Que dans sa sombre politique,
Un sénateur ose affirmer
Que dès qu'un crime est *juridique*,
Il ne faut point le réparer;

Estimant peu l'extravagance
Qui n'enfante que des malheurs;
Libre dans mon intelligence,
Et chassant ces tristes erreurs,

Moi, je resterai terre à terre,
Suivant le juste, aimant le bon,
Cherchant le *fait* qui seul éclaire
Ayant pour guide ma raison.

De plus, mon garant est Voltaire;
Le rire étant délicieux,
A la fin de ma carrière,
Je commencerai d'être heureux.

Je rirai de vos personnages,
Adroits et fins estafiers,
Cuistres plaisants de tous étages,
Philosophes et sorciers.

Que des régents, à mine austère,
Salissent, esprits hébétés,
D'un insipide commentaire,
Les écrits les plus respectés;

De France, de Rome ou d'Athène,
Qu'un auteur tombe dans ma main,
De leurs notes portant la chaîne,
Ah! je le sens, je rirai bien!

Mais en voyant notre grammaire,
Notre absurde latinité,
Pour l'enfance vive et légère,
N'est-on point ému de pitié!

UN MOT DE CIRCONSTANCE

SUR L'EMPEREUR JULIEN

Je frémissais, l'âme indignée,
Lisant un discours d'apparat,
De voir son ombre saluée
Du titre de *vieil apostat!*

Quand m'apparut douce figure,
A barbe inculte et manteau court,
Compatissante en sa droiture,
Noble, sans escorte et sans cour.

« Ami, dit-il, point de colère,
« J'aime de cœur mon vieux Paris;
« Toujours le sage se modère,
« Et je pardonne à Drouyn de Lhuys! »

UN BOSQUET DU LUXEMBOURG

(La fille du bosquet était une demoiselle du Conservatoire)

Biche légère et bondissante,
Courant à l'entour des ormeaux,
Sa voix fraîche, pure et vibrante,
Animait le chant des oiseaux.

« Continue, enfant, ton ramage, »
Lui répétait sa mère en pleurs,
« Doux rossignol de ce bocage,
« Tu connaîtras des jours meilleurs.

« — Loin de ce lieu, oui, bonne mère,
« Le ciel un jour nous sourira.
« Ma voix est imposante et fière,
« Et sa place est à l'Opéra.

« Quand nous aurons gloire et richesse,
« A nos amis part sur-le-champ;
« Je voudrais que notre tendresse
« Les relevât en un moment. »

Dieu donna, dès la chute d'Ève
Aux malheureux, comme un trésor,
L'illusion et le doux rêve,
Et l'espérance aux ailes d'or !

RÊVE FANTASTIQUE

APPARITION SUR L'OLYMPE

D'UN PROFESSEUR DE MATHÉMATIQUES

DE L'UN DES LYCÉES DE PARIS, AUTEUR D'UN POËME DE LA GUERRE D'ORIENT
ET DE QUELQUES ROMANCES

(Vers accueillis avec bonté par ce professeur)

Le front paré d'une couronne,
De la main même de Cypris,
Par l'éclat de votre personne,
Les feux du jour étaient ternis.

Autour de vous faisaient la chaîne,
Muses, Grâces, tendres amours,
Fascinés, respirant à peine,
Et vos esclaves pour toujours.

Aux Tamberlicks de l'Empyrée,
Tremblants, éblouis, éperdus,
Vous rendiez la note sacrée
Qui ravit l'âme des élus.

De goût, de finesse et de grâce,
En vous voyant prenaient leçon
Racan, Boileau, Virgile, Horace,
Ovide, Homère, Anacréon.

Et votre irrésistible empire
S'étendant aux plus fiers esprits,
Bayle, Pascal, Milton, Shakspeare,
Étaient vos écoliers soumis.

Des savants la foule empressée,
Heureux d'augmenter votre cour,
Képler, Newton et Galilée
Vous complimentaient tour à tour.

Ils s'informaient de la science,
Quoique l'esprit bien en repos,
Sachant qu'à votre intelligence
Était remis ce grand dépôt.

Puis sur le plan invariable
Vulcain dressait un grand couvert,
Où vous resplendissiez à table,
Entre Laplace et d'Alembert.

www.ingramcontent.com/pod-product-compliance
Ingram Content Group UK Ltd.
Pitfield, Milton Keynes, MK11 3LW, UK
UKHW020454220726
13923UKWH00006B/2546

9 782019 258047